ナチュラルかわいい 手編みのこもの

USAGI * GOYA

産業編集センター

はじめに

ナチュラルかわいい糸で編むこものたちを
あつめた本ができました。
かぎ針編みの基本的な編み方で
作れるものを考えました。
編んでみたいなぁ、と思ってもらえる作品が
ひとつでもあれば嬉しいです。

USAGI＊GOYA

Contents

はじめに……2

道具と材料……22

いちごきんちゃく……24

クロス模様のきんちゃく……26

まあるいきんちゃく……28

フレンチリネンのぺたんこきんちゃく……32

模様編みのきんちゃく……34

ネット編みのシュシュ……36

もこもこコサージュ……38

麻ひもの小物入れ……40

ちいさなかごと編みうさぎさん……43

カードケース……46

けいとのつりー＊はんこ立て……50

ふた付ミニBOX……52

雪の結晶風モチーフ……55

中長編みのコースターとポットマット……56

コラージュタグ……58

基本の編み方……61
  わの作り目、鎖の作り目、鎖編み、細編み、中長編み、
  長編み、引き抜き編み

いちごきんちゃく　作り方24p

模様編みのきんちゃく　作り方34p

ふた付ミニBOX 作り方 52p

ネット編みのシュシュ　作り方36p

まあるいきんちゃく　作り方28p

フレンチリネンのぺたんこきんちゃく　作り方32p

中長編みのコースター　作り方56p／コラージュタグ　作り方58p

中長編みのコースターとポットマット　作り方 56p

コラージュタグ　作り方58p

雪の結晶風モチーフ　作り方55p／ふた付ミニBOX 作り方52p

雪の結晶モチーフ　作り方55p

カードケース　作り方46p

クロス模様のきんちゃく　作り方26p

もこもこコサージュ　作り方38p
麻ひもの小物入れ　作り方40p
中長編みのコースター　作り方56p

麻ひもの小物入れ　作り方40p／コラージュタグ　作り方58p

ちいさなかごと編みうさぎさん　作り方43p

けいとのつりー＊はんこ立て　作り方50p

もこもこコサージュ　作り方38p

道具と材料

道具

かぎ針

はさみ

とじ針

材料

掲載内容は 　メーカー名　【糸の名前　仕立　構成　〈かぎ針号数〉】となっています。
※商品は予告なく仕様が変更されたり、生産が終了となる場合があります。

[hus:]

Puff パフ｜[hus:]
Factory いまだけコットン
100gコーン巻（約315m）
綿100％
〈かぎ針4/0号～5/0号〉

ANNIE アニー｜[hus:] Factory
STANDARD COTTON
100gコーン巻（約290m）
綿100％
〈かぎ針4/0号～5/0号〉

bio ビオ｜[hus:] Factory
Special Selection
100gコーン巻（約200m）
オーガニックコットン100％
〈かぎ針7/0号～8/0号〉

sawada itto

COTOLI
40g玉巻（約173m）
綿100％
〈かぎ針3/0号～4/0号〉

毛糸ピエロ

Chanvre（シャンベル）
40g玉巻（約225m）
麻100％
〈レース針2号〜0号〉

**orgabits One
（オーガビッツ ワン）**
40g玉巻（約122m）
綿100％
〈かぎ針3/0号〜5/0号〉

**オーガニックコットン
ナチュラル**
30g玉巻（約77m）
綿100％
〈かぎ針3/0号〜5/0号〉

ベーシックコットン
30g玉巻（約59m）
綿100％
〈かぎ針4/0号〜5/0号〉

ベーシック極太
40g玉巻（約41m）
毛100％
〈かぎ針10/0号〜8ミリ〉

ソフトメリノ極太
40g玉巻（約43m）
毛100％
〈かぎ針8/0号〜10/0号〉

Fontaine（フォンテーヌ）
40g玉巻（約95m）
毛80％・アルパカ20％
〈かぎ針4/0号〜6/0号〉

Itobatake

FUSARA
100gコーン巻（約300m）
綿68％・ウール32％
〈棒針5号程度〉

ハマナカ

フラックスC
25g玉巻（約104m）
麻（リネン）82％・綿18％
〈かぎ針3/0号〉

ポーム コットンリネン
25g玉巻（約66m）
綿60％・麻（リネン）40％
〈かぎ針5/0号〉

DARUMA

麻ひも
100m
植物繊維（黄麻）100％
〈かぎ針8/0号〜9/0号〉

SASAWASHI
25g（約48m）
分類外繊維（ささ和紙）
100％
〈かぎ針5/0号〜7/0号〉

いちごきんちゃく

使用糸 毛糸ピエロ：orgabits One（オーガビッツ ワン）
　　　　 果肉…06 ローズスモーク　11g／種…15 ナチュラル　1g／へた・絞り紐…19 ミストグリーン　6g

使用針 かぎ針3号　**できあがりサイズ** 8cm×8cm（平置き）

* 本体 *

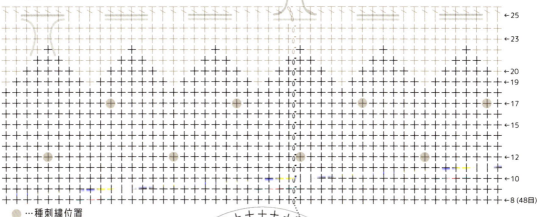

●…種刺繍位置

* 絞り紐 *（2本編む）

鎖編み100目（約38cm）

※**色替えの方法**

1. 色を替える直前の細編みの最後の引き抜きのときに、新しい色の糸を針にかけて引き抜く。
2. 次の目からは、編んでいない色の糸を編みくるみながら新しく替えた色の糸で編んでいく。

段	目数	
25	48目	長編み（紐を通す段）
23・24	48目	増減なし
19～22	48目	色替えしながら編む
8～18	48目	増減なし
7	48目	+6目
6	42目	+6目
5	36目	+6目
4	30目	+6目
3	24目	+8目
2	16目	+8目
1	8目	

作り方

- わの作り目から細編み8目で編み始め、編み図のように編み進めます。
- 19段目から果肉部分の色とへたの色を色替え※しながら編みます。（色替え部分は編み図参照）
- 23段目からへたの色で編み進めます。
- 最終段（25段目）は長編みで編みます。
- 種を刺繍します。
- 絞り紐を鎖編み100目で2本編み、本体最終段の長編み4目毎の間に通して先を結びます。
- 果肉部分をナチュラル、種をローズスモークで作ると白いいちごきんちゃくができます。

クロス模様のきんちゃく

使用糸 毛糸ピエロ：オーガニックコットン ナチュラル　23 グレージュ　20g ／ 21 オフホワイト　8g
使用針 かぎ針4号　　**できあがりサイズ** 13cm×12cm（平置き）

* 本体 *

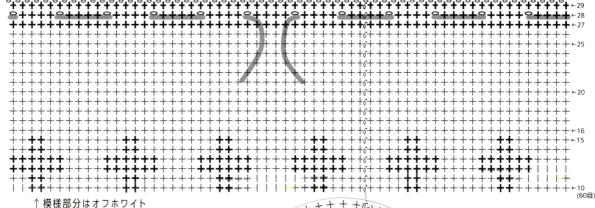

↑模様部分はオフホワイト

* 絞り紐 *

鎖編み120目に引き抜き編みする
(オフホワイト、約50cm)

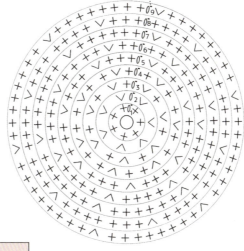

段	目数	
29	120目	細編み、鎖編みの繰り返し
28	60目	鎖編みで紐通し部をつくる
27	60目	オフホワイトに糸替えして編む
16〜26	60目	増減なし
10〜15	60目	増減なし クロス模様を編み込む
9	60目	+6目
8	54目	+6目
7	48目	+6目
6	42目	+7目
5	35目	+7目
4	28目	+7目
3	21目	+7目
2	14目	+7目
1	7目	グレージュで編み始める

作り方

- グレージュ色の糸で編み始めます。
- わの作り目から細編み7目で編み始め、編み図のように編み進めます。
- 10〜15段目にクロス模様を編み込みます。
- 16〜26段目はグレージュ色で増減なしで編みます。
- 27段目からオフホワイトに色替えし、編み図のように編み進め最後まで編めたら糸を切ります。
- オフホワイト色の糸で、鎖編み120目に引き抜き編みをして絞り紐を編みます。
- 本体28段目の鎖編み部分に紐を通します。

まあるいきんちゃく

使用糸 [hus:]:bio ビオ | [hus:] Factory Special Selection　51 ライトモカ　24g
sawada itto：COTOLI　103 オフ　5g

その他材料 ワックスコード（1.2mm）40cm×2本　　**使用針** かぎ針6号、3号

できあがりサイズ 12cm×10cm（平置き）

* 絞り口部分 *

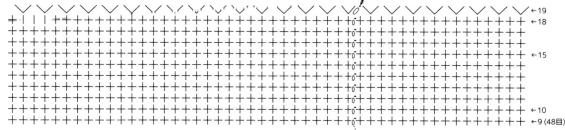

←4 (紐通し段)
←3
←2
←1 (72目)

本体18目目の最終段を編む際、
とばした目に細編み3目編み入れていく

(∨ 細編み3目編み入れる)

* 本体 *

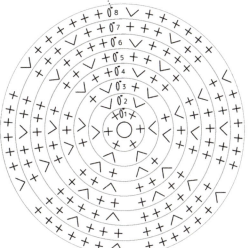

←19
←18
←15
←10
←9 (48目)

段	目数	
19	48目	細編み2目編み入れ、1目とばすを繰り返す
9～18	48目	増減なし
8	48目	+6目
7	42目	+6目
6	36目	+6目
5	30目	+6目
4	24目	+6目
3	18目	+6目
2	12目	+6目
1	6目	

作り方

- 本体をbio（かぎ針6号使用）、絞り口部分をCOTOLI（かぎ針3号使用）で編みます。
- 本体底はわの作り目から細編み6目で編み始め、各段6目ずつ増しながら8段編みます。
- 続けて側面を増減なしで18段目まで編みます。
- 最終段（19段目）は細編み2目編み入れ、1目とばして細編み2目編み入れ…を繰り返して編みます。
- 絞り口部分1段目は、本体19段目を手前に倒し、18段目の偶数目（最終段を編む際とばした目）を拾って細編み3目ずつ編み入れていきます。
- 編み図のように4段目まで編みます。
- 絞り口部分4段目にワックスコードを通して先を結びます。

フレンチリネンのぺたんこきんちゃく

使用糸 毛糸ピエロ：Chanvre（シャンブル） 01 アイボリーホワイト 11g ／ 13 ウィンタースカイ 11g
使用針 かぎ針2号　　**できあがりサイズ** 13cm×9cm

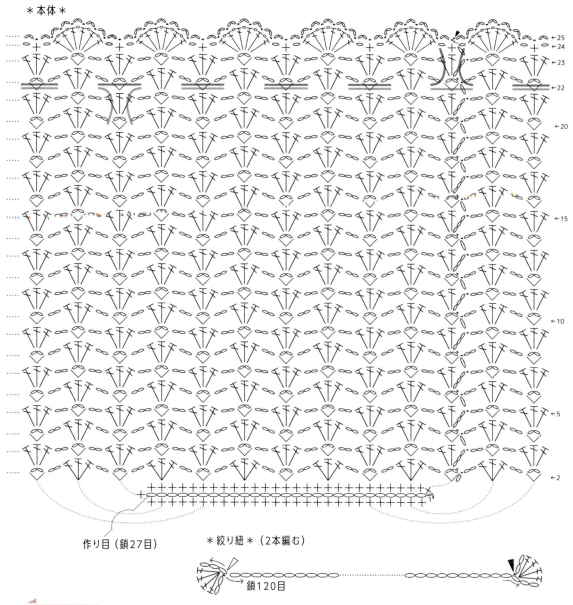

本体

作り目（鎖27目）

絞り紐（2本編む）

鎖120目

作り方

- 鎖編み27目で作り目をし、細編みで底を編みます。（1段目 56目）
- 続けて編み図のように模様編みで側面を編みます。
- 絞り紐を2本編み（編み図参照、1本約38cm）、本体22段目に通して先を結びます。

模様編みのきんちゃく

使用糸 Ⓐ毛糸ピエロ：Fontaine（フォンテーヌ）02 グレージュ　38g
Ⓑ[hus:]：ANNIE アニー｜[hus:] Factory STANDARD COTTON　きなり　34g

その他材料 ワックスコード（2mm）／50cm×2本（ⒶⒷ共通）　　**使用針** Ⓐかぎ針5号／Ⓑかぎ針4号

できあがりサイズ Ⓐ17cm×16cm／Ⓑ15cm×15cm

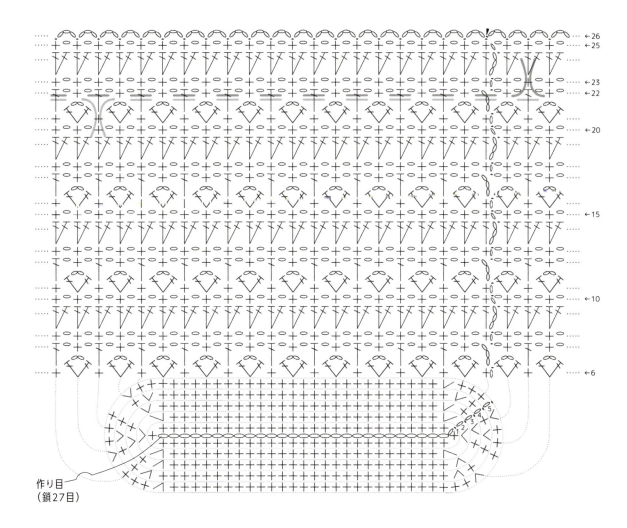

段	目数	
6～26	図参照	
5	80目	+6目
4	74目	+6目
3	68目	+6目
2	62目	+6目
1	56目	

作り方　Ⓐ Ⓑ共通

- 鎖編み27目で作り目をし、編み図のように細編みで底を5段編みます。（5段目 80目）
- 続けて編み図のように側面を編みます。
- 本体22段目にワックスコードを通して先を結びます。

ネット編みのシュシュ

使用糸 Ⓐ[hus:]:Puff パフ｜[hus:] Factory いまだけコットン　きなり　18g
　　　　 Ⓑハマナカ：フラックスC　No.003　12g
その他材料 リングゴム（直径5cm）　**使用針**（ⒶⒷ共通）かぎ針5号
できあがりサイズ Ⓐ直径約12.5cm／Ⓑ直径約11cm

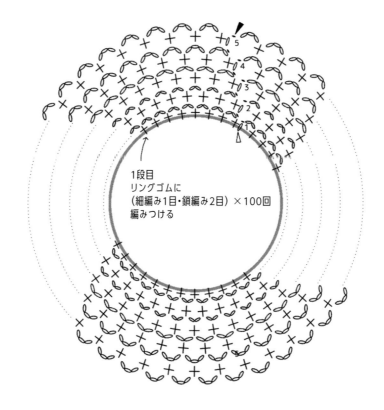

作り方　Ⓐ Ⓑ共通

- 1段目はリングゴムに直接編みつけていきます。
- 1段目、細編み1目・鎖編み2目を1模様とし、全部で100回模様を編みつけます。
- 続けて編み図のように編み進めます。
- 1段目に編みつける模様の数は、ぴったり100模様でなくても大丈夫です。お好みのフリルの分量になるよう増減させてみてください。

もこもこコサージュ

使用糸 [hus:]:bio ビオ | [hus:] Factory Special Selection　51 ライトモカ　12g ／ 10 きなり　12g
その他材料 ブローチピン　　**使用針** かぎ針7号　　**できあがりサイズ** 直径約6.5cm

＊お花①＊

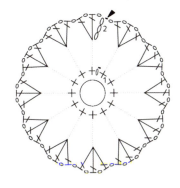

＊お花②＊

お花①②を重ね
真ん中を縫い止める

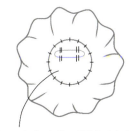

ブローチピンを縫い付けた土台を
お花の裏にかがりつける

＊土台＊

作り方

- 各パーツともにわの作り目から編み始め、編み図のように編みます。（お花①・お花②・土台）
- お花①と②を重ね、中心を止めつけます。
- ブローチピンを縫いつけた土台を、お花の裏側にかがりつけます。

麻ひもの小物入れ

使用糸 DARUMA：麻ひも　1 ナチュラル　※深め65g／浅め28g
使用針 かぎ針8号　　**できあがりサイズ** 深め…直径9cm×高さ10cm／浅め…直径9cm×高さ3.5cm

* 深めタイプ *

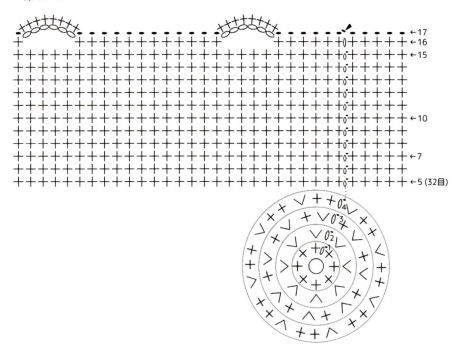

段	目数	
16・17	図参照	持ち手部分
5〜15	32目	増減なし
4	32目	+8目
3	24目	+8目
2	16目	+8目
1	8目	

作り方

- 深め、浅めともに、わの作り目から細編み8目で編み始め、編み図のように底〜側面〜持ち手まで編み進めます。

＊浅めタイプ＊

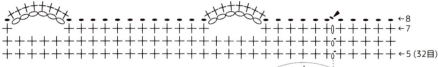

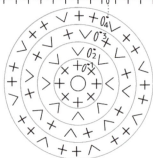

段	目数	
7・8	図参照	持ち手部分
5・6	32目	増減なし
4	32目	+8目
3	24目	+8目
2	16目	+8目
1	8目	

ちいさなかごと編みうさぎさん

ちいさなかご	使用糸	DARUMA：SASAWASHI　2 ライトブラウン　6g
	使用針 かぎ針6号	できあがりサイズ 直径3.5cm、高さ3.5cm（持ち手含まず）
編みうさぎさん	使用糸	[hus:]:bio ビオ｜[hus:] Factory Special Selection　51 ライトモカ　6g／10 きなり　6g
	使用針 かぎ針6号	その他材料 手芸わた　できあがりサイズ 高さ6.5cm

ちいさなかご

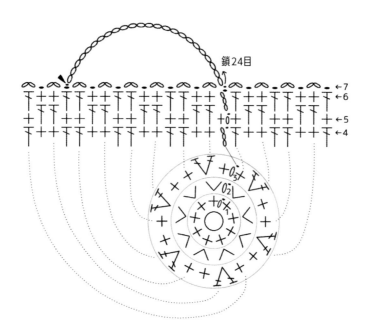

段	目数	
7	図参照	
4～6	24目	増減なし
3	24目	+6目
2	18目	+9目
1	9目	

作り方

- わの作り目から細編み9目で編み始め、編み図のように底～側面を編みます。
- 7段目まで編めたら続けて鎖編み24目で持ち手を編み、本体に引き抜き編みで繋げます。

編みうさぎさん

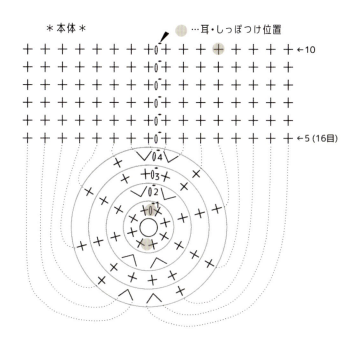

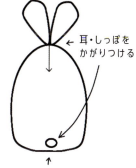

耳・しっぽをかがりつける

最終段の目に糸を通して中にわたを詰めて絞る

段	目数	
5～10	16目	増減なし
4	16目	+4目
3	12目	増減なし
2	12目	+4目
1	8目	

作り方

- 本体をわの作り目から細編み8目で編み始め、編み図のように編み進めます。
- 中にわたを詰め、最終段の目に糸を通して絞ります。
- 耳（2枚）としっぽを編み、本体にかがりつけます。

カードケース

使用糸 Ⓐハマナカ：ポーム コットンリネン　202　24g
　　　　 Ⓑ毛糸ピエロ：orgabits One（オーガビッツ ワン）
　　　　　01 クリアベージュ　20g
使用針　かぎ針4号　　**できあがりサイズ**　20cm×7cm

本体とポケットを重ねて仕立てる

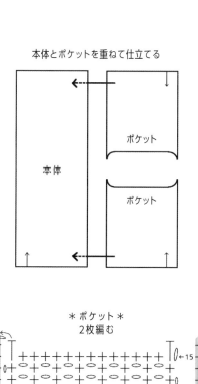

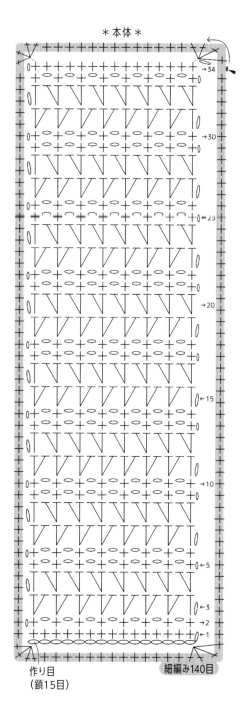

* 本体 *

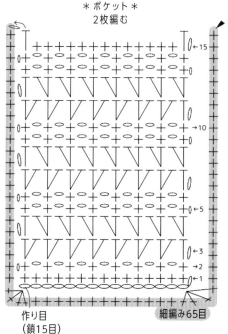

* ポケット *
2枚編む

作り目
(鎖15目)

細編み65目

作り目
(鎖15目)

細編み140目

47

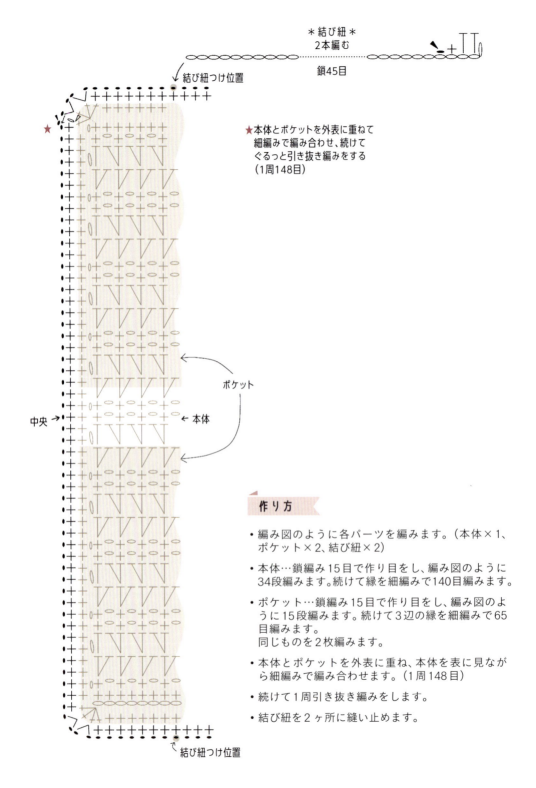

作り方

- 編み図のように各パーツを編みます。(本体×1、ポケット×2、結び紐×2)
- 本体…鎖編み15目で作り目をし、編み図のように34段編みます。続けて縁を細編みで140目編みます。
- ポケット…鎖編み15目で作り目をし、編み図のように15段編みます。続けて3辺の縁を細編みで65目編みます。
同じものを2枚編みます。
- 本体とポケットを外表に重ね、本体を表に見ながら細編みで編み合わせます。(1周148目)
- 続けて1周引き抜き編みをします。
- 結び紐を2ヶ所に縫い止めます。

けいとのつりー＊はんこ立て

使用糸 毛糸ピエロ：ベーシック極太
　　　　幹…41 ウォルナット　13g／上部…31 メイプル　14g

使用針 かぎ針8号

できあがりサイズ 幹高さ7cm、上部高さ9cm　飾ったときの高さ約11cm

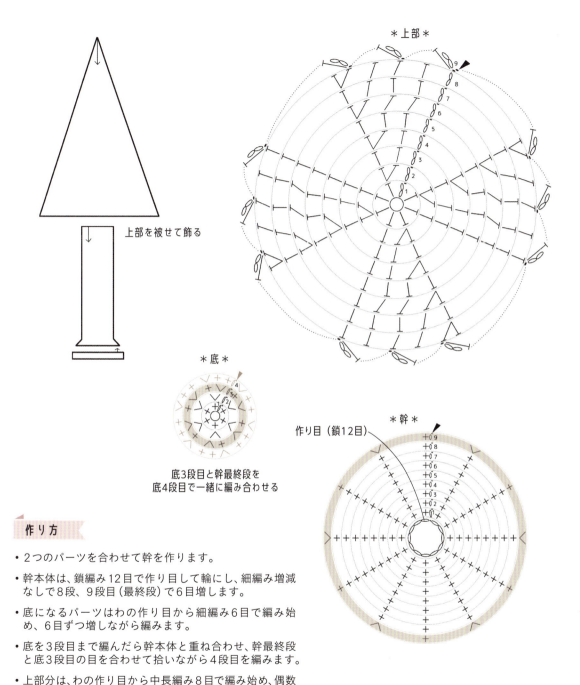

作り方

- 2つのパーツを合わせて幹を作ります。
- 幹本体は、鎖編み12目で作り目して輪にし、細編み増減なしで8段、9段目（最終段）で6目増します。
- 底になるパーツはわの作り目から細編み6目で編み始め、6目ずつ増しながら編みます。
- 底を3段目まで編んだら幹本体と重ね合わせ、幹最終段と底3段目の目を合わせて拾いながら4段目を編みます。
- 上部分は、わの作り目から中長編み8目で編み始め、偶数段で4目ずつ増しながら8段編みます。（8段目24目）続けて9段目（最終段）を編み図のように編みます。
- 上部のパーツを幹に被せて飾ります。

ふた付ミニBOX

使用糸 毛糸ピエロ：ベーシックコットン　1 ホワイトミルク　10g ／ 3 チョコレートブラウン　10g ／ 20 モカベージュ　10g
その他材料 お好みの紐やリボンなど　　**使用針** かぎ針2号
できあがりサイズ 内箱…4cm×4cm×2cm ／ふた…4.5cm×4.5cm×2cm

ふた

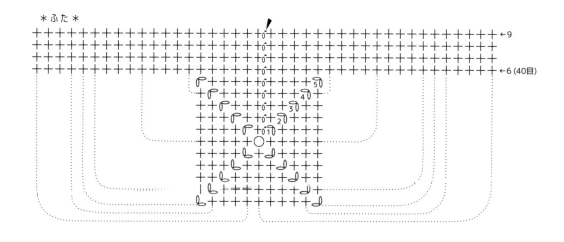

内箱

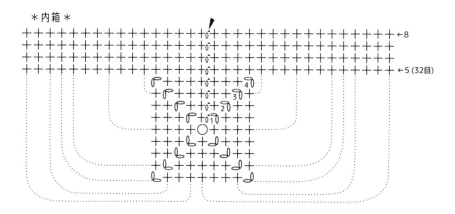

作り方

- ふたと内箱ともに、わの作り目から編み図のように編み始め、続けて側面を編みます。
- お好みで、紐やリボンなどでラッピングします。

雪の結晶風モチーフ

使用糸 Ⓐ毛糸ピエロ：ソフトメリノ極太　1 アイボリー　7g ／Ⓑitobatake：FUSARA フサラ　1. ホワイト　3g
使用針 Ⓐかぎ針8号／Ⓑかぎ針4号　　**できあがりサイズ** Ⓐ9.5cm ／Ⓑ5.5cm

作り方

- わの作り目から、編み図のように編み進めます。

中長編みのコースターとポットマット

使用糸 毛糸ピエロ：orgabits One（オーガビッツ ワン） 22 モカベージュ 7g（コースター）／20g（ポットマット）
使用針 コースター…かぎ針4号／ポットマット…かぎ針7号
できあがりサイズ コースター…直径11cm／ポットマット…直径16.5cm

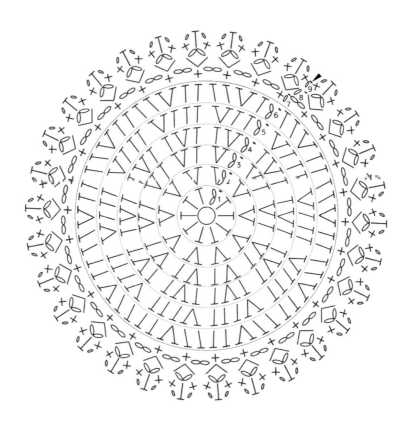

段	目数	
7～9	図参照	
6	60目	+10目
5	50目	+10目
4	40目	+10目
3	30目	+10目
2	20目	+10目
1	10目	

作り方

- コースターはかぎ針4号で1本どり、ポットマットはかぎ針7号で2本どりで編みます。（編み図共通）

- わの作り目から中長編み10目で編み始め、10目ずつ増しながら6段編みます。

- 続けて編み図のように9段目まで編みます。

コラージュタグ

使用糸 毛糸ピエロ：ベーシックコットン　2 ミルクコーヒー　3g／20 モカベージュ　3g
使用針 かぎ針3号　　**その他材料** 手芸用ボンド、スタンプ、端切れやレース、ワックスコードなどお好みの素材
できあがりサイズ 3cm×5cm

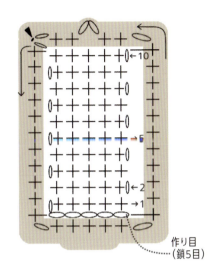

作り目
(鎖5目)

作り方

- 鎖編み5目で作り目をし、細編みの往復編みで10段編みます。
- 続けて細編みと鎖編みで縁を1周編みます。
- スタンプを押した端切れやレースなどを、手芸用ボンドを使ってお好みの配置で貼りつけます。
- お好みの吊り下げ紐をつけます。

「ふた付ミニBOX」(52p)、「雪の結晶風モチーフ」(55p)、「中長編みのコースターとポットマット」(56p)、「コラージュタグ」(58p)で作るガーランドもおすすめです。(11p、14p参照)

基本の編み方

わの作り目

鎖の作り目

⌒ 鎖編み

× 細編み

丅 中長編み

𠂆 長編み

● 引き抜き編み

わの作り目

 ① 指に糸を2回かける。

 ② わの重なり部分がずれないように図のように挟む。

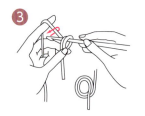 ③ わの中に針を入れて糸をかけて引き出す。

 ④ 針に糸をかけ矢印のように引き抜く。

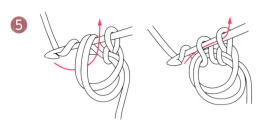 ⑤ わの中に針を入れ、糸をかけて矢印のように引き出し、1段目の立ち上がりの鎖編みを編む。

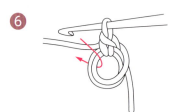 ⑥ わの中に針を入れて細編みを編む。

 ⑦ 必要な目数を編み入れたら、糸端を引いて動くほうのわを引っ張って1つのわにする。

 ⑧ 1目めの細編みに矢印のように針を入れて引き抜き編みをする。
わの作り目ができました。

鎖の作り目

  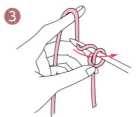 

❶ 糸を人差し指にかけ、図のように中指親指ではさむ。針先を矢印のように動かして糸を巻き付ける。

❷ 中指と親指で糸が交差した部分をはさみ、針先を矢印のように動かして糸をかける。

❸ 糸を引き出す。

❹ 糸先を引く。この目は作り目の数には含まない。

鎖編み　記号…◯

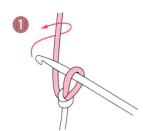 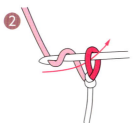 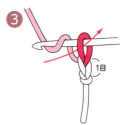 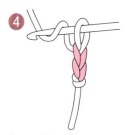

❶ 矢印のように針先を動かし、糸をかける。

❷ 針にかかった糸を矢印のように引き出すと、鎖1目が編める。

❸ 同じように針に糸をかけ引き出す。

❹ 鎖2目が編めた。

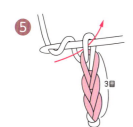 

❺ 鎖3目が編めたところ。必要な数だけ編む。

表側
裏側（鎖の裏山）

鎖の作り目ができました。

細編み　記号…✕　（本書では「＋」で表わしています）

❶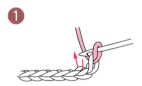
❷
❸
❹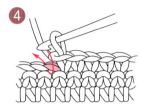

❶ 立ち上がりの鎖1目を編み、針から2つめの鎖の裏山に針を入れる。
※立ち上がりの鎖編みは1目には数えない。

❷ 裏山に針を入れて糸をかけて引き出す。

❸ 針に糸をかけて2目引き抜く。

❹ 1目できあがり。①〜③を繰り返す。

中長編み　記号…T

❶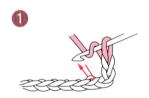
❷
❸
❹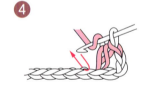

❶ 立ち上がり鎖2目を編み、針に糸を巻き付けて、針から4つめの鎖の裏山に針を入れる。

❷ 裏山に針を入れて引き出す。

❸ もう一度針に糸をかけて、一度に全部を引き抜く。

❹ 1目できあがり。①〜③を繰り返す。

長編み　記号…下

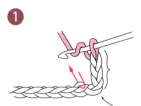

❶ 立ち上がりの鎖3目を編み、針に糸を巻き付けて、針から5つめの鎖の裏山に針を入れる。

❷ 針に糸をかけて1目引き抜く。

❸ また針に糸をかけて、今度は2目引き抜く。

❹ 針に糸をかけてすべて引き抜く。

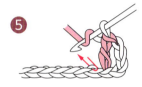

❺ 1目できあがり。①〜④を繰り返す。

引き抜き編み　記号…●

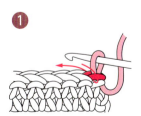

❶ 立ち上がりの鎖は編まずに、矢印の位置に針を入れる。

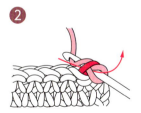

❷ 針に糸をかけ、矢印のように一度に糸を引き出す。

❸ となりの目に針を入れて針に糸をかけ一度に糸を引き出す。

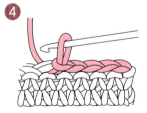

❹ 同じように繰り返して編んでいく。編み目がつれない程度にゆるめに編む。

USAGI＊GOYA（うさぎ＊ごや）

「いつものくらしにやさしくとけこむナチュラルかわいいものづくり」をコンセプトに、天然素材の糸を使った手編みのこものを作っています。
Instagramでの発信をメインに活動。
https://www.instagram.com/usagi.goya_
手編みのお店 [hus:]で編み物キットを販売中。

ナチュラルかわいい手編みのこもの

2024年11月13日　第一刷発行
2025年 2月25日　第二刷発行

著者　USAGI＊GOYA
写真、作品図案　USAGI＊GOYA

ブックデザイン　清水佳子
編集　福永恵子（産業編集センター）

発 行　株式会社産業編集センター
　　　〒112-0011 東京都文京区千石4-39-17

印刷・製本　株式会社シナノパブリッシングプレス

©2024 USAGI・GOYA　Printed in Japan
ISBN978-4-86311-423-4 C5077

本書掲載の作品は個人で楽しんでいただくことを前提に制作しています。
掲載作品もしくは類似品の全部または一部を商品化するなどして販売等することは、その手段・目的に関わらずお断りしています。
営利目的以外の販売等や作品展などへの出品についても同様です。
あらかじめご了承ください。

本書掲載の写真・文章・イラスト・図版を無断で転記することを禁じます。
乱丁・落丁本はお取り替えいたします。